natürliche **low carb** zutaten

Das Leben ist wie Eis, **genießen** Sie es, bevor es schmilzt

Es ist endlich Sommer und wenn Sie, wie ich, gutes altmodisches Eis vermissen, dann ist dieses Buch die Antwort für Sie (auch wenn Sie keine Low Carb-Diät machen). Dieses Buch ist eine Zusammenstellung meiner 20 beliebtesten, gefragtesten Eisrezepte, die jeder leicht nachmachen kann.

Alle in diesem Buch aufgeführten Rezepte sind:

EINFÜHRUNG

- Kann mit oder ohne Eismaschine **Einfach** - Niemand hat Zeit für Rezepte, die Stunden über Stunden dauern.
- **Low Carb** - Kein Rezept hat mehr als 10 g Netto-Kohlenhydrate
- **Hoher Fettgehalt** - Enthält natürliche fetthaltige Zutaten
- **Anpassbar** - Sie mögen eine der Zutaten nicht? Ersetzen Sie sie durch eine andere!
- **Köstlich** - Das ist eine Selbstverständlichkeit hergestellt werden (eine Anleitung ist enthalten).
- Ich hoffe, dass Ihnen die Rezepte gefallen und dass sie auf Ihrer Reise zu einem gesünderen und fitteren Leben helfen.

SCHOKOLADE 8

- 9 Doppelte Schokoladenfreude
- 10 Mokka-Kokosnuss-Eis
- 11 Kakao-Kokosnusseis am Stiel
- 12 Erdnussbutter-Strudel-Eis
- 13 Schokoladen-Zimtschnecken-Eis
- 14 Schoko-Chip-Eis mit Vanilleschote
- 15 Dunkles Erdnussbuttereis am Stiel

16 ERFRISCHENDE FRÜCHTE

- 17 Süß-saures Eis
- 18 Kirschbomben-Eis
- 19 Essentielles Erdbeereis
- 20 Pfirsiche-Sahne-Eis
- 21 Blaubeer-Pfannkuchen-Eis
- 22 Gefrorenes Wassermelonenpüree
- 23 Erdbeerstrudel-Eis

24 AUSGEWÄHLTE SORTEN

- 25 Pumpkin-Spice-Latte-Eis
- 26 Gesalzenes Kakao-Karamell-Eis
- 27 Mandel-Rosen-Eis
- 28 Minze-Avocado-Eis
- 29 Matcha Eis

LEITFADEN FÜR SÜSSSTOFFE

Bevor wir anfangen über die verschiedenen Rezepte zu sprechen, möchte ich mir einen Moment Zeit nehmen, um über die Ersatz-Süßstoffe zu sprechen, die wir verwenden werden.

Auch Menschen, die sich nicht ketogen ernähren, haben die Gefahren von Weißzucker erkannt. Einige Leute bezeichnen ihn sogar als "weißes Gift". Kombiniert mit dem Anstieg von Diabetes und Gewichtszunahme problemen haben sich Zuckeraustauschstoffe in den letzten Jahrzehnten immer weiter durchgesetzt.

Inzwischen gibt es viele verschiedene Zuckeraustauschstoffe, und sie kommen unter verschiedenen Markennamen, aber in diesem Buch habe ich nur zwei verwendet, Stevia und Erythritol, weil sie die sichersten und natürlichsten sind.

Sie werden feststellen, dass einige Rezepte Stevia erfordern, während andere Erythritol erfordern, und es gibt einige, die beides brauchen. Dahinter steckt eine Wissenschaft.

Stevia, oder Stevia-Extrakt, wie es genannt werden sollte, ist der Extrakt der natürlich vorkommenden Stevia-Pflanze. Es ist ein kalorienfreier Süßstoff und somit perfekt für unsere Bedürfnisse. Auf dem Markt gibt es entweder in flüssiger oder Pulverform. Beide sind in Ordnung. Die Pulverform eignet sich eher für den Einsatz beim Backen, während die flüssige Form eher für flüssige Rezepte wie Smoothies geeignet ist. In den im Buch aufgeführten Eisrezepten wird flüssiges Stevia empfohlen.

Erythritol hingegen ist eine natürlich vorkommende Substanz, die in einigen Früchten und Käsesorten vorkommt. Wie Stevia ist es auch kalorienfrei. Ein Unterschied zwischen den beiden ist jedoch, dass Erythritol den Speisen ein glasiges Aussehen verleiht und es somit perfekt für Glasuren, Überzüge und Eiscreme ist! Die Verwendung von Erythritol verleiht Ihrem Eis einen gelatineähnlichen Look. Auch Erythritol ist ein Korn zu Korn Zuckerersatz, was bedeutet, dass ein Esslöffel Weißzucker und ein Esslöffel Erythrit die gleiche Menge an Süße ergeben, was die Verwendung sehr einfach macht.

Beide sind sicher, hitzebeständig und geschmacksneutral. Es ist sinnvoll, sie beide in der Speisekammer zu haben. Idealerweise haben Sie etwas flüssiges Stevia und pulverförmiges Erythritol zur Hand, aber wenn Sie sich für eins der beiden entscheiden müssen, würde ich vorschlagen, dass Sie Erythritol wählen, weil es vielseitiger und einfacher zu verwenden ist, obwohl es ein wenig teurer ist.

Ich hoffe, dass damit die allgemeine Verwirrung über kalorienfreie Süßstoffe geklärt wurde. Lassen Sie uns anfangen.

KEINE EISMASCHINE, KEIN PROBLEM!

Wie bei allem in der Küche ist das Leben mit den richtigen Werkzeugen für den Job so viel einfacher, aber wo es einen Willen (und ein Internet) gibt, gibt es einen Weg.

Ich weiß, wie meine Mutter mir beigebracht hat, Eiscreme herzustellen, aber ich war nicht davon überzeugt, dass es die einfachste Methode ist, also habe ich ein paar verschiedene Ideen aus dem Internet ausprobiert, um zu sehen, ob es eine bessere Methode gibt... vielleicht ist das nicht überraschend, aber es gab eine Menge. Ich habe eine Vielzahl von Techniken ausprobiert, kann aber vor allem "tasteofhome.com" empfehlen, das war die einfachste und die am besten geeignete für meine Rezepte.

Während die Verwendung einer elektrischen oder handbetriebenen Eismaschine die Arbeit etwas leichter macht, es ist keine Notwendigkeit.

So kommen Sie ohne eine Eismaschine aus:

- Mischen Sie die Zutaten für Ihr Eis nach Rezept. Lassen Sie die Mischung über einem Eisbad abkühlen. Gefrieren Sie in der Zwischenzeit eine leere, gefrorene, flache Schale oder Pfanne. Edelstahl eignet sich dafür gut.

- Die kalte Mischung in die Kaltpfanne geben.

- Ca. 20 Minuten kalt stellen und das Eis kontrollieren. Wenn die Kanten zu gefrieren beginnen, rühren Sie die Mischung schnell mit einem Schneebesen oder Spachtel um, um das teilweise gefrorene Eis aufzubrechen.

- Dies wird dazu beitragen, dass es glatt und cremig wird. Sie können dabei nicht übertreiben. Zurück in den Gefrierschrank.

- Das Eis alle 30 Minuten kräftig umrühren, bis es fest gefroren ist. Dieser Schritt kann 4- bis 5-mal wiederholt werden, bis die Mischung glatt und cremig ist. Wenn das Eis zu hart wird, legen Sie es in den Kühlschrank, bis es weich genug wird, um umzurühren und den Prozess fortzusetzen.

- Lassen Sie das Eis reifen, indem Sie es in einem abgedeckten Gefrierbehälter aufbewahren, bis es serviert wird.

http://www.tasteofhome.com/recipes/how-to-cook/how-to-make-ice-cream-without-an-ice cream-maker

REZEPT-HINWEISE

Anpassung der Rezepte

Es gibt kein Universal-Rezept, jeder hat einen unterschiedlichen Geschmack, einige haben Allergien und nicht jeder wird in der Lage sein, alle Zutaten zu beschaffen. Betrachten Sie die Rezepte als Empfehlung, die Sie dann nach Ihrem eigenen Geschmack oder nach dem, was Sie im Haus haben, anpassen können.

- Sie lieben Kokosnuss? Probieren Sie Kokosmilch anstelle von Mandelmilch.
- Sie mögen keine Erdbeeren? Probieren Sie mal Blaubeeren.

Nur Sie wissen, was ihre Vorlieben sind, also viel Spaß beim Spielen mit verschiedenen Zutaten und Rezepten.

Das Buch ist unterteilt in Schokolade, Früchte und einzigartige Rezepte. Die Fruchtvarianten enthalten etwas mehr Netto-Kohlehydrate (aber immer noch wenig). Scheuen Sie sich nicht vor diesen, denn Früchte enthalten eine ganze Reihe von Nährstoffen, die für Ihre allgemeine Gesundheit von großer Bedeutung sind.

Wenn Sie abschließend so freundlich wären, eine ehrliche Bewertung zu hinterlassen, würde mich da sehr freuen.

Bitte besuchen Sie dafür den folgenden Link:
http://ketojane.com/Eiscreme

Nochmals vielen Dank, dass Sie mein Buch gekauft haben und viel Erfolg,

Elizabeth Jane

SCHOKOLADE

DOPPELTE SCHOKOLADENFREUDE

🥄 5 Minuten   🕐 20 Minuten   👤 x8   ❄ 3 Stunden

ZUTATEN

- 85g Zartbitterschokolade
- 400ml Crème Double
- 300ml Mandelmilch
- 65g Erythritol
- 55g Kakaopulver
- 2 Esslöffel Glyzerin
- 1 Teelöffel geschabte Vanilleschote
- ¼ Teelöffel Xanthangummi
- 4 Eigelb
- Flüssiges Stevia nach Belieben
- Eine Prise Salz

Ausrüstung:

- Kleiner Kochtopf
- Bonbonthermometer
- Schneebesen
- Eisbad
- Eismaschine

ZUBEREITUNG

1. Geben Sie Stevia, Mandelmilch und Schlagsahne in den Topf. Zum Mischen verquirlen und auf die Herdplatte stellen.
2. In einer großen Schüssel die Eigelbe glatt schlagen.
3. Verwenden Sie Ihr Bonbonthermometer, um die Temperatur der Mischung zu überprüfen. Wenn sie 75°C Grad erreicht, vom Herd nehmen und die Eigelbe darüber gießen. Sofort mischen, sonst werden die Eigelb gekocht.
4. Gleichmäßig mischen und dann wieder in den Topf geben und erneut erhitzen.
5. Bereiten Sie das Eisbad vor.
6. Wenn die Temperatur 80°C erreicht, vom Herd nehmen und die Schokolade dazugeben. Verrühren, bis die Masse glatt und cremig ist.
7. Über das Eisbad legen und ca. 10-15 Minuten ruhen lassen, dann die restlichen Zutaten untermischen.
8. In eine Eismaschine geben und nach den Anleitung zubereiten.
9. Für mindestens 2-3 Stunden in den Gefrierschrank stellen.

Zusätzliche Tipps

1. Um ein Eisbad vorzubereiten, verteilen Sie die Eiswürfel in einem flachen, aber breiten Behälter. Stellen Sie eine Schüssel in die Mitte und umgeben Sie sie mit Eis.
2. Glycerin und Xanthangummi sind optional, aber sie helfen, die richtige Textur zu erreichen.

NÄHRWERTANGABEN (PRO PORTION)

Kohlehydrate: 10g	Ballaststoffe: 3g	Netto-Kohlenhydrate: 7g
Eiweiß: 6g	Fett: 29g	Kalorien: 307

MOKKA-KOKOSNUSS-EIS

🥄 5 Minuten   🕗 8 Minuten   👤 x8   ❄ 3-4 Stunden

ZUTATEN

- 800ml Kokosmilch
- 200g Kokosnusscreme
- 8 Esslöffel Dunkles Kakaopulver
- 4 Esslöffel Instantkaffee
- 1 Teelöffel Xanthangummi
- 8 Esslöffel Erythritol
- Liquid Stevia nach

Geschmack Ausrüstung:
- Mixer
- Eismaschine

ZUBEREITUNG

1. Mischen Sie alle Zutaten mit Ausnahme des Gummis. Mischen, bis alles glatt ist.
2. Nach und nach Xanthangummi zugeben und mischen.
3. In die Eismaschine geben und nach Anleitung zubereiten.
4. Herausnehmen und genießen!

Zusätzliche Tipps
1. Sie können auch gebrühten Espresso verwenden, wenn Sie möchten.

NÄHRWERTANGABEN (PRO PORTION)

Kohlehydrate: 6g   Ballaststoffe: 3g   Netto-Kohlehydrate: 3g
Eiweiß: 2g   Fett: 18g   Kalorien: 157

KAKAO-KOKOSNUSSEIS AM STIEL

 **2 Minuten**   **x8**   ❄ **2 Stunden**

ZUTATEN
- 385ml Kokosmilch
- 35g Kakaopulver
- 25g Kokosraspeln
- 2 Teelöffel Vanilleextrakt
- Flüssiges Stevia nach

Geschmack Ausrüstung:
- Mixer
- Eis am Stiel-Formen

ZUBEREITUNG
1. Kokosmilch, Kakaopulver, Vanilleextrakt und Süßstoff zu einem Smoothie verrühren.
2. In die Eis am Stiel-Formen gießen und bis zum Aushärten einfrieren.
3. In Kokosraspeln rollen und genießen!

NÄHRWERTANGABEN (PRO PORTION)

Kohlehydrate: 5g   Ballaststoffe: 3g   Netto-Kohlehydrate: 2g
Eiweiß: 2g   Fett: 14g   Kalorien: 163

ERDNUSSBUTTER-STRUDEL-EIS

🥄 **5 Minuten** ⏲ **-** 👤 **x8** ❄ **3-4 Stunden**

ZUTATEN

- 130ml Vollmilch
- 6 Esslöffel Butter
- 2 ½ Esslöffel Avocadoöl
- 2 ½ Esslöffel Kakaopulver
- 1 ½ Teelöffel Vanilleextrakt
- ¼ Teelöffel Meersalz
- 4 Eier
- Stevia nach Geschmack

Für den Strudel:
- 200g Erdnussbutter (glatt)
- 5 Esslöffel Kokosöl
- Stevia nach Geschmack

Ausrüstung:
- Mixer
- Eismaschine
- Schneebesen

ZUBEREITUNG

1. Bei zwei Eiern die Eigelbe vom Eiweiß trennen. Sie brauchen zwei ganze Eier und zwei Eigelbe.
2. Geben Sie alle anfänglichen Zutaten in einen Mixer und mischen Sie sie zu einem glatten Ganzen. In eine Eismaschine geben und nach Anleitung zubereiten.
3. In der Zwischenzeit die Zutaten für den Strudel zusammenschlagen und in den Kühlschrank stellen.
4. Kurz vor dem Ausschalten der Eismaschine den Strudel hinzugeben und noch eine Minute weiterlaufen lassen.
5. Herausschaufeln und genießen!

Zusätzliche Tipps
1. Mit gehackten Erdnüssen bestreuen.
2. Wenn Sie keinen Zugang zu Avocadoöl haben, ersetzen Sie es durch eine gleiche Menge MCT-Öl, das leicht in jedem Lebensmittelgeschäft erhältlich ist.

NÄHRWERTANGABEN (PRO PORTION)

Kohlehydrate: 4g	Ballaststoffe: 2g	Netto-Kohlehydrate: 2g
Eiweiß: 5g	Fett: 32g	Kalorien: 311

SCHOKOLADEN-ZIMTSCHNECKEN-EIS

 2 Minuten   -   x8    3-4 Stunden

ZUTATEN

- 800ml Kokosmilch
- 60g Geriebene Zartbitterschokolade
- 2 Esslöffel gemahlener Zimt
- 4 Teelöffel Vanilleextrakt
- 2 Teelöffel zusätzlicher gemahlener Zimt
- Erythritol nach Geschmack

Ausrüstung:
- Mixer
- Eismaschine

ZUBEREITUNG

1. Alle Zutaten mit Ausnahme des zusätzlichen Teelöffels Zimt mischen.
2. In die Eismaschine geben und bis zum Aushärten rühren.
3. Einfrieren, Kugeln formen und servieren, mit restlichem Zimt bestreuen.

Zusätzliche Tipps
1. Geben Sie einen Schuss Alkohol (vorzugsweise Wodka) hinzu, damit es nicht zu eisig wird.

NÄHRWERTANGABEN (PRO PORTION)

Kohlenhydrate: 7g   Ballaststoffe: 2g   Netto-Kohlenhydrate: 5g
Eiweiß: 3g   Fett: 32g   Kalorien: 392

SCHOKO-CHIP-EIS MIT VANILLE

 8 Minuten   – x8    2-3 Stunden

ZUTATEN

- 400ml Crème Double
- 100ml Schlagsahne
- 100ml Vollmilch
- 170g ungesüßte Schokoladen-Chips
- 2 Esslöffel Instantkaffee
- 1 Esslöffel geschabte Vanilleschote
- 1 Teelöffel Glyzerin
- 3 Eigelb
- Eine Prise Salz
- Stevia oder Erythritol nach Geschmack

Ausrüstung:

- Mixer
- Eismaschine

ZUBEREITUNG

1. Alle Zutaten, mit Ausnahme der Schokoladenstückchen, glatt rühren.
2. Zu die Eismaschine geben und bis zum Aushärten rühren.
3. Kurz vor dem Ausschalten die Schokoladenstückchen dazugeben und noch ein oder zwei Minuten ziehen lassen.
4. Herausschaufeln und genießen!

NÄHRWERTANGABEN (PRO PORTION)

Kohlenhydrate: 2g   Ballaststoffe: 0g   Netto-Kohlenhydrate: 2g
Eiweiß: 2g   Fett: 16g   Kalorien: 168

DUNKLES ERDNUSSBUTTEREIS AM STIEL

🥄 10 Minuten　　🕐 -　　👤 x8　　❄ 3 Stunden

ZUTATEN

- 130ml Crème Double
- 65ml Vollmilch
- 100g Erdnussbutter (glatt)
- 1/2 Teelöffel Vanilleextrakt
- Süßstoff nach Geschmack

Für den Überzug:

- 85g Geriebene Zartbitterschokolade
- 65ml MCT Öl
- Süßstoff nach Geschmack

Ausrüstung:

- Handrührgerät
- Eis am Stiel-Formen
- Mikrowelle
- Pergamentpapier

ZUBEREITUNG

1. Die Crème Double leicht und schaumig schlagen. Sie ist fertig, wenn sich steife Spitzen bilden.
2. Den Rest der Zutaten vorsichtig unterheben.
3. In Formen gießen und bis zum Aushärten einfrieren.
4. In der Zwischenzeit Schokolade und Öl in der Mikrowelle miteinander verschmelzen. Den Süßstoff untermischen und vom Herd nehmen.
5. Die Eis am Stiel aus dem Gefrierschrank nehmen und in die Schokoladenmasse tauchen.
6. Auf Pergamentpapier legen und zurück in den Gefrierschrank legen.

Zusätzliche Tipps

1. Probieren Sie verschiedene Überzüge: weiße Schokolade, hellere Schokolade oder geben Sie sogar zerkleinerte Nüsse dazu.
2. Ein Innenteil auf Vanillebasis funktioniert auch hervorragend.
3. Sie können auch Kokosöl anstelle von MCT-Öl verwenden.

NÄHRWERTANGABEN (PRO PORTION)

Kohlehydrate: 4g	Ballaststoffe: 0g	Netto-Kohlehydrate: 4g
Eiweiß: 3g	Fett: 9g	Kalorien: 170

ERFRISCHENDE
früchte

SÜß-SAURES EIS

 2 Minuten    5 Minuten   x8    1 Stunde

ZUTATEN

- » 150ml Frischer Zitronensaft
- » 600ml Vollmilch
- » 150ml Crème Double
- » 2 Esslöffel Glyzerin
- » 2 Esslöffel Butter
- » 1 ½ Teelöffel Vanilleextrakt
- » ¼ Teelöffel Frische Zitronenschale
- » 3 Eier
- » Eine Prise Salz
- » Stevia nach Belieben
- » 2-3 Tropfen Gelbe Lebensmittelfarbe

Ausrüstung:

- » Kleiner Kochtopf
- » Mixer
- » Eismaschine

ZUBEREITUNG

1. Milch, Sahne, Zitronensaft, Eier und Salz zu einer glatten Masse verrühren.
2. In einen Topf gießen und zum Kochen bringen.
3. Wenn Blasen entstehen, vom Herd nehmen und den Rest des Zutaten unterrühren und auf Raumtemperatur abkühlen lassen.
4. In die Eismaschine geben und nach Anleitung zubereiten.
5. Einfrieren, auslöffeln und genießen!

Zusätzliche Tipps

1. Lebensmittelfarbe ist optional.

NÄHRWERTANGABEN (PRO PORTION)

Kohlehydrate: 7g	Ballaststoffe: 2g	Netto-Kohlehydrate: 5g
Eiweiß: 4g	Fett: 13g	Kalorien: 154

KIRSCHBOMBEN-EIS

🥄 2 Minuten   🕐 -   👤 x8   ❄ 2-3 Stunden

ZUTATEN

- 400ml Kokosmilch
- 280g entkernte Kirschen
- 85g Ungesüßte Schokoladen-Chips
- 1 Esslöffel Glycerin
- 1 Esslöffel geschabte Vanilleschote
- Erythritol nach Geschmack

Ausrüstung:
- Mixer
- Eismaschine

ZUBEREITUNG

1. Etwa 85g Kirschen entnehmen und beiseite stellen.
2. Die restlichen Kirschen, Milch, Süßstoff und Vanille mischen.
3. Die beiseitegelegten Kirschen hacken und von Hand mit dem Smoothie vermengen.
4. In die Eismaschine geben und bis zum Aushärten rühren.
5. Kurz vor dem Ausschalten die Schokoladenstückchen dazugeben und noch eine Minute laufen lassen.
6. Einfrieren, auslöffeln und genießen!

Zusätzliche Tipps
1. Mit etwas zuckerfreiem Kirschsirup überziehen.

NÄHRWERTANGABEN (PRO PORTION)

Kohlehydrate: 2g	Ballaststoffe: 0g	Netto-Kohlehydrate: 2g
Eiweiß: 1g	Fett: 11g	Kalorien: 147

ESSENTIELLES ERDBEEREIS

🥄 2 Minuten   🕐 -   👤 x8   ❄ 2-3 Stunden

ZUTATEN

- 480g frische Erdbeeren
- 600ml Vollmilch
- 200ml Crème Double
- 150g Hüttenkäse
- 1 Teelöffel Vanilleextrakt
- ½ Teelöffel Guarkernmehl
- Stevia nach Geschmack
- Eine Prise Salz

Ausrüstung:
- Mixer
- Eismaschine

ZUBEREITUNG

1. Alle Zutaten mischen, bis sie glatt sind.
2. In die Eismaschine geben und rühren, bis die gewünschte Konsistenz erreicht ist.
3. Einfrieren. Auslöffeln, mit frischen Erdbeeren belegen und servieren.

Zusätzliche Tipps
1. Kurz bevor Sie die Eismaschine ausschalten, geben Sie einige gehackte Erdbeeren hinzu, um die Textur zu verbessern.
2. Sie können es auch mit etwas Erdbeergelee verfeinern.

NÄHRWERTANGABEN (PRO PORTION)

Kohlehydrate: 5g	Ballaststoffe: 1g	Netto-Kohlehydrate: 4g
Eiweiß: 6g	Fett: 13g	Kalorien: 160

PFIRSICH-SAHNE-EIS

 8 Minuten    7 Minuten   x8    Über Nacht

ZUTATEN

- » 3 große Pfirsiche
- » 400ml Crème Double
- » 150ml Schlagsahne
- » 150ml Vollmilch
- » 115ml Wasser
- » Erythritol nach Geschmack
- » 2-3 Tropfen orange Lebensmittelfarbe

ZUBEREITUNG

1. Die Pfirsiche schälen und würfeln. Einen Pfirsich mit dem Wasser pürieren und beiseite stellen.
2. Crème Double, Pfirsichpüree, Süßstoff, Lebensmittelfarbe, Schlagsahne und Vollmilch
3. miteinander verrühren.
4. In die Eismaschine geben und nach Anleitung zubereiten. Wenn sich das Eis zu festigen beginnt, die fein gehackten Pfirsiche dazugeben.
5. Über Nacht einfrieren.
6. Herausschaufeln und genießen!

Zusätzliche Tipps
1. Etwas Xanthangummi hinzufügen, damit das Eis weich bleibt.

NÄHRWERTANGABEN (PRO PORTION)

Kohlehydrate: 9g	Ballaststoffe: 4g	Netto-Kohlehydrate: 5g
Eiweiß: 2g	Fett: 21g	Kalorien: 207

BLAUBEER-PFANNKUCHEN-EIS

🍴 20 Minuten   🕐 10 Minuten   👤 x8   ❄️ Über Nacht

ZUTATEN

- 200ml Crème Double
- 270ml Buttermilch
- 1 ½ Esslöffel Glyzerin
- 1 Teelöffel Rotweinessig
- Stevia nach Belieben
- Eine Prise Salz

Für das Püree:
- 225g Heidelbeeren
- 2 Esslöffel frischer Limettensaft
- 1 Esslöffel Wasser
- ¼ Teelöffel Vanilleextrakt
- ⅛ Teelöffel Mandel-Extrakt
- ⅛ Teelöffel gemahlener Zimt
- ⅛ Teelöffel gemahlene Muskatnuss
- Stevia nach Geschmack

Ausrüstung:
- Pürierstab
- Kleiner Kochtopf
- Eismaschine

ZUBEREITUNG

1. Heidelbeeren, Wasser, Zitronensaft und Gewürze aus der Püree-Zutatenliste in einen kleinen Topf geben.
2. Bei schwacher Hitze erwärmen, bis sie weich werden. Mit einem Holzlöffel zerdrücken.
3. Verwenden Sie einen Pürierstab, um die Mischung zu pürieren. Fügen Sie die Vanille- und Mandel-Extrakte und Stevia hinzu.
4. Köcheln lassen, bis es sirupartig und dick wird. Fügen Sie zu jedem Zeitpunkt einen Spritzer Wasser hinzu, wenn Sie Angst haben, dass es verkocht. Vom Herd nehmen und auf Raumtemperatur abkühlen lassen.
5. Geben Sie alle Zutaten in die Eismaschine und rühren bis zum Aushärten.
6. Einfrieren, auslöffeln und servieren.

Zusätzliche Tipps
1. Reduzierter Balsamico-Essig funktioniert perfekt anstelle von Rotweinessig. Um reduzierten Balsamico-Essig herzustellen, nehmen Sie 50ml Balsamico-Essig und stellen Sie ihn auf schwache Hitze. Kochen lassen, bis etwa die Hälfte übrig ist. Vom Herd nehmen und abkühlen lassen.

NÄHRWERTANGABEN (PRO PORTION)

Kohlehydrate: 6g	Ballaststoffe: 1g	Netto-Kohlehydrate: 5g
Eiweiß: 2g	Fett: 16g	Kalorien: 161

GEFRORENES WASSERMELOHENPÜREE

 8 Minuten    10 Minuten   x8   ❄ Über Nacht

ZUTATEN

- 1760g gewürfelte Wassermelone
- 400ml Kokosmilch
- 2 Teelöffel frischer Zitronensaft
- Flüssiges Stevia nach Geschmack

Ausrüstung:
- Küchenmaschine

ZUBEREITUNG

1. Die Wassermelone über Nacht einfrieren.
2. Legen Sie die gewürfelte Wassermelone in Ihre Küchenmaschine und beginnen Sie mit langsamer Geschwindigkeit zu mischen. Es ist sehr wichtig, die Geschwindigkeit niedrig zu halten.
3. Wenn sie eisig und püriert ist, fügen Sie die Kokosmilch und den Rest der Zutaten hinzu. Fahren Sie mit dem Mischen fort, während Sie zwischendurch innehalten, um die Seiten herunterzukratzen.
4. Nach einiger Zeit wird Luft in die Frucht eingearbeitet und Sie erhalten eine sorbetähnliche Konsistenz.
5. Auslöffeln und sofort servieren.

Zusätzliche Tipps
1. Es gibt keine komplizierten Zutaten in diesem Rezept. Der Trick ist die Technik. Daher brauchen Sie eine gute Küchenmaschine und viel Geduld.

NÄHRWERTANGABEN (PRO PORTION)

Kohlehydrate: 10g   Ballaststoffe: 2g   Netto-Kohlehydrate: 8g
Eiweiß: 2g   Fett: 14g   Kalorien: 184

ERDBEERSTRUDEL-EIS

 8 Minuten    40 Minuten   x8    3-4 Stunden

ZUTATEN

- 160g gefrorene Erdbeeren
- 110g Frischkäse
- 200ml Vollmilch
- 250ml Crème Double
- 2 Esslöffel Glyzerin
- ½ Teelöffel Vanilleextrakt
- ½ Teelöffel Xanthangummi
- 3 Eigelb
- Stevia nach Geschmack

Ausrüstung:
- Schneebesen
- Kleiner Kochtopf
- Eisbad
- Eismaschine

ZUBEREITUNG

1. Die Eigelb zu einer glatten Masse verrühren und den Süßstoff unterrühren.
2. Im Topf Sahne und Milch mischen. Zum Kochen bringen.
3. Gießen Sie diese Mischung über die Eigelbe, während Sie weiter schlagen, da es sonst gegart wird. Dieser Prozess wird als Temperieren bezeichnet.
4. Die ganze Masse in den Topf geben und bei mittlerer Hitze weitergaren, bis sie eine dicke, pastenartige Konsistenz hat.
5. Vom Herd nehmen und den Rest der Zutaten, außer den Erdbeeren, zugeben und über ein Eisbad stellen.
6. Nach dem Abkühlen in die Eismaschine geben und rühren. Währenddessen die Erdbeeren mit etwas pulverisiertem Erythritol oder Stevia zerdrücken. Achten Sie darauf, dass Sie es zu einer gummiartigen Masse zerdrücken. Fügen Sie bei Bedarf etwas Wasser hinzu.
7. Kurz vor dem Ausschalten der Eismaschine das Erdbeerpüree Einfüllen und noch ca. fünf Minuten rühren lassen.
8. Entnehmen und einfrieren. Herausschaufeln und genießen.

Zusätzliche Tipps
1. Um zu lernen, wie man ein Eisbad zubereitet, lesen Sie bitte das Rezept Doppelter Schokoladengenuss.
2. Die Konsistenz in Schritt vier ist perfekt, wenn die Mischung die Rückseite eines Löffels gleichmäßig bedeckt.

NÄHRWERTANGABEN (PRO PORTION)

Kohlehydrate: 4g	Ballaststoffe: 1g	Netto-Kohlehydrate: 3g
Eiweiß: 4g	Fett: 27g	Kalorien: 115

AUSGEWÄHLTE
Sorten

PUMPKIN-SPICE-LATTE-EIS

 2 Minuten    7 Minuten   x8    3-4 Stunden

ZUTATEN

- 800ml Vollmilch
- 200g Kürbispüree
- 225g Hüttenkäse
- 70g Kürbiskerne
- 4 Esslöffel gesalzene Butter
- 2 Teelöffel Ahorn Ex- Traktat
- 1 Teelöffel Xanthangummi
- 6 Eigelb
- Stevia nach Geschmack

Ausrüstung:
- Bratpfanne
- Pürierstab
- Eismaschine

ZUBEREITUNG

1. Stellen Sie Ihre Bratpfanne auf mittlere Hitze und schmelzen Sie die Butter. Die Kürbiskerne dazugeben und rösten. Vom Herd nehmen und beiseite stellen.
2. Die Eigelb cremig schlagen und den Süßstoff unterrühren. Sie können entweder einen flüssigen oder einen granulierten Süßstoff verwenden, wie immer sie möchten.
3. Die Milch in die Eimasse gießen und gut vermischen.
4. Den Rest der Zutaten, mit Ausnahme der Kürbiskerne, zugeben und mit einem Pürierstab mischen.
5. In die Eismaschine geben und bis zum Aushärten rühren. Kurz vor dem Ausschalten die Kürbiskerne hinzufügen und weitere 3-5 Minuten ziehen lassen.
6. Einfrieren, auslöffeln und genießen!

Zusätzliche Tipps
1. Kürbiskerne sind vielleicht nicht für jeden Geschmack geeignet, probieren Sie zerkleinerte Nüsse oder Schokosplitter.

NÄHRWERTANGABEN (PRO PORTION)

Kohlehydrate: 7g   Ballaststoffe: 2g   Netto-Kohlehydrate: 5g
Eiweiß: 6g   Fett: 27g   Kalorien: 271

GESALZENES KAKAO-KARAMELL-EIS

🥄 10 Minuten   🕐 2 Minuten   👤 x8   ❄ 2-3 Stunden

ZUTATEN

- 85g ungesüßte Edelbitterschokoladen-Chips
- 300ml Crème Double
- 200ml Vollmilch
- 6 Esslöffel Butter
- 2 Esslöffel Kokoszucker
- 2 Esslöffel Glyzerin
- ¾ Teelöffel Meersalz
- ½ Teelöffel Vanilleextrakt
- ¼ Teelöffel Xanthangummi
- 4 Eigelb
- Stevia nach Geschmack

Ausrüstung:
- Kleiner Kochtopf
- Schneebesen
- Bonbon-Thermometer
- Eismaschine
- Eisbad

ZUBEREITUNG

1. Im Topf Butter, Kokoszucker und Stevia vermengen. Bei schwacher Hitze die Mischung zum Kochen bringen. Weiter rühren. Vom Herd nehmen und Salz und Vanille unterrühren. Wieder erwärmen.
2. Crème Double unter ständigem Rühren einrühren. Wenn die Mischung 75°C erreicht hat, die Milch unterrühren.
3. In einer kleinen Schüssel die Eigelb zu Schnee schlagen. Sie werden die Eigelbe temperieren, wie wir es vorhin getan haben. Die Milchmischung unter ständigem Rühren über das Eigelb gießen, um ein Garen zu vermeiden.
4. Diese Mischung in den Topf geben und wieder erhitzen. Halten Sie die Temperatur bei 80°C. Kochen, bis es dick genug ist, um den Löffel gleichmäßig zu bedecken.
5. Vom Herd nehmen und über ein Eisbad stellen. Glycerin und Xanthangummi unterrühren.
6. Wenn die Masse auf Raumtemperatur abgekühlt ist, geben Sie sie in die Eismaschine und rühren sie bis zum Aushärten.

Zusätzliche Tipps
1. Nur ein grobes Salz wie kosheres Salz oder Meersalz funktioniert. Normales Speisesalz wird den Geschmack nicht so verfeinern, wie wir es uns wünschen.

NÄHRWERTANGABEN (PRO PORTION)

Kohlehydrate: 8g	Ballaststoffe: 1g	Netto-Kohlehydrate: 7g
Eiweiß: 3g	Fett: 29g	Kalorien: 326

MANDEL-ROSEN-EIS

🥄 10 Minuten   🕐 -   👤 x8   ❄ 6-7 Stunden

ZUTATEN

- 400ml Crème Double
- 200ml Mandelmilch
- 50g Ungesüßte Rosenblütenpaste
- 75g Rohe Mandeln
- 4 Esslöffel Rosenwasser
- Erythritol nach Geschmack

Ausrüstung:
- Küchenmaschine
- Handrührgerät

ZUBEREITUNG

1. Die Mandeln über Nacht in Wasser einweichen. Schälen Sie sie und legen Sie sie morgens beiseite.
2. Das Wasser abgießen und mit einem Papiertuch trocken tupfen.
3. Pulver in der Küchenmaschine so fein wie möglich pulverisieren. Möglicherweise müssen Sie pausieren und die Seiten ein paar Mal abkratzen.
4. Die Crème Double schlagen, bis sich steife Spitzen bilden. Die Milch dazugeben und noch einmal schlagen.
5. Heben Sie den Rest der Zutaten unter.
6. In einen Metallbehälter geben und in den Gefrierschrank stellen.
7. Nach zwei Stunden sollte das Eis verfestigt sein. Rühren Sie es gründlich um und stellen Sie es zurück in den Gefrierschrank. Nach weiteren zwei Stunden das Eis wieder umrühren und in den Gefrierschrank zurückstellen. Tun Sie dies dreimal.
8. Herauslöffeln und servieren.

Zusätzliche Tipps
1. Sie können Rosenblütenpaste in jedem indischen Spezialitätengeschäft finden.
2. Der Einfachheit halber können Sie die Mischung auch einfach zu einer Eismaschine hinzufügen und bis zum Ende durchrühren, aber ich wollte eine alternative Methode für Leute aufzeigen, die keine Eismaschine haben.
3. Da in der Rezeptur keine Weichmacher wie Xanthangummi enthalten sind, friert das Eis bei längerer Lagerung fest ein. Daher sollte es am besten frisch konsumiert werden. Wenn Sie jedoch noch etwas übrig haben, machen Sie es ein wenig weicher, indem Sie es vor dem Servieren für einige Zeit in den Kühlschrank stellen.

NÄHRWERTANGABEN (PRO PORTION)

Kohlenhydrate: 5g   Ballaststoffe: 1g   Netto-Kohlenhydrate: 4g
Eiweiß: 1g   Fett: 14g   Kalorien: 175

MINZE-AVOCADO-EIS

🥄 20 Minuten   🕐 -   👤 x8   ❄ Über Nacht

ZUTATEN

- 4 Bananen
- 2 Avocados
- 55g Schokoladenstückchen
- ½ Teelöffel Xanthangummi
- ¼ Teelöffel Pfefferminz-Extrakt
- Stevia nach Geschmack

Ausrüstung:
- Küchenmaschine

ZUBEREITUNG

1. Die Bananen über Nacht einfrieren. In Scheiben schneiden.
2. Avocados schälen und würfeln.
3. Legen Sie sowohl die Avocados als auch die Bananen in eine Küchenmaschine.
4. Auf niedriger Stufe mischen. Halten Sie regelmäßig inne, um die Seiten abzukratzen. Durch die gefrorenen Bananen beginnt die Mischung eine mousseartige Konsistenz zu erhalten. Weiter mischen, bis die Mischung leicht und schaumig wird.
5. Den Rest der Zutaten unterrühren, dann in den Gefrierschrank stellen und für ein paar Stunden einfrieren.
6. Herauslöffeln und servieren.

Zusätzliche Tipps

1. Fügen Sie etwas Kakaopulver hinzu, um daraus sofort Schokoladeneis zu machen.
2. Sie können es leicht über einen längeren Zeitraum im Gefrierschrank aufbewahren, aber aufgrund der Bananen kann es etwas braun werden.

NÄHRWERTANGABEN (PRO PORTION)

Kohlehydrate: 11g   Ballaststoffe: 6g   Netto-Kohlehydrate: 5g
Eiweiß: Less than 1g Fett: 10g   Kalorien: 183

MATCHA EIS

 2 Minuten    5 Minuten   x8   ❄ 2-3 Stunden

ZUTATEN

- » 800ml Kokosmilch
- » 3 Esslöffel Kokosöl
- » 2 Esslöffel Matcha-Grünteepulver
- » ¼ Teelöffel Guarkernmehl
- » Stevia nach Geschmack

Ausrüstung:
- » Kleiner Kochtopf
- » Eisbad
- » Eismaschine

ZUBEREITUNG

1. Kokosmilch in den Topf gießen und bei schwacher Hitze erhitzen.
2. Geben Sie das Matcha-Grünteepulver dazu und beginnen Sie zu rühren. Nicht kochen lassen.
3. Nach dem vollständigen Auflösen (die Milch wird grün) in eine Schüssel geben und über das Eisbad stellen.
4. Restliche Zutaten unterrühren.
5. Wenn es auf Raumtemperatur abgekühlt ist, geben Sie es in die Eismaschine und rühren es bis zum Aushärten.
6. Einfrieren, auslöffeln und genießen.

Zusätzliche Tipps
1. Machen Sie nicht den Fehler, normalen grünen Tee zu verwenden. Sie können Matcha-Grünteepulver bei Whole Foods, Trader Joe's und sogar bei Amazon finden.

NÄHRWERTANGABEN (PRO PORTION)

Kohlehydrate: 5g   Ballaststoffe: 2g   Netto-Kohlehydrate: 3g
Eiweiß: 2g   Fett: 28g   Kalorien: 264

SCHWIPS-EIS

 5 Minuten    -   x8   ❄ 3-4 Stunden

ZUTATEN

- 600ml Vollmilch
- 200ml Schlagsahne
- 300ml Limettensaft
- 4-6 Esslöffel Tequila
- 2 Esslöffel Limettenschale
- Stevia nach Geschmack

Ausrüstung:
- Mixer
- Eismaschine

ZUBEREITUNG

1. Geben Sie alle Zutaten in einen Mixer und mischen sie zu einer glatten und cremigen Masse.
2. In die Eismaschine geben und rühren, bis die gewünschte Konsistenz erreicht ist.
3. Einfrieren, auslöffeln und genießen!

Zusätzliche Tipps

1. Die Milch gerinnt durch den sauren Limettensaft. Keine Sorge, das ist völlig normal und beeinflusst das Ergebnis nicht negativ.

NÄHRWERTANGABEN (PRO PORTION)

Kohlehydrate: 8g   Ballaststoffe: 4g   Netto-Kohlehydrate: 4g
Eiweiß: 3g   Fett: 23g   Kalorien: 145

COPYRIGHT 2016 BY ELIZABETH JANE - ALLE RECHTE VORBEHALTEN.

Dieses Dokument ist darauf ausgelegt, genaue und zuverlässige Informationen rund um das Thema und die Problematik zu liefern.

Das Buch wird mit der Vorstellung verkauft, dass der Verlag nicht verpflichtet ist, professionelle Beratung, offiziell erlaubte oder anderweitig qualifizierte Dienstleistungen zu erbringen. Wenn eine Beratung erforderlich ist, sei es rechtlich oder beruflich, sollte eine im Beruf tätige Person bestellt werden.

Aus einer Grundsatzerklärung, die von einem Komitee der American Bar Association und einem Komitee der Verleger und Verbände gleichermaßen akzeptiert und genehmigt wurde.

Es ist in keiner Weise erlaubt, dieses Dokument zu reproduzieren, zu vervielfältigen oder Teile davon in elektronischer Form oder in gedruckter Form zu übertragen. Die Aufzeichnung dieser Publikation ist strengstens verboten und die Speicherung dieses Dokuments ist ohne schriftliche Genehmigung des Herausgebers nicht gestattet. Alle Rechte vorbehalten.

Die enthaltenen Informationen gelten als wahrheitsgemäß und konsistent, jede Haftung in Bezug auf Unachtsamkeit oder anderweitig durch die Verwendung oder den Missbrauch von Richtlinien, Prozessen oder Anweisungen, die darin enthalten sind, liegt in der alleinigen und vollständigen Verantwortung des Lesers. Unter keinen Umständen wird eine rechtliche Verantwortung oder Schuldzuweisung gegen die

Herausgeber für jegliche Reparatur, Beschädigung oder finanziellen Verlust aufgrund der enthaltenen Informationen, sei es direkt oder indirekt, akzeptiert.

Die enthaltenen Informationen werden ausschließlich zu Informationszwecken angeboten und sind daher universell einsetzbar. Die Darstellung der Informationen erfolgt ohne Vertrag oder jegliche Garantiezusage.

Der Autor ist kein zugelassener Praktiker, Arzt oder medizinischer Fachmann und bietet keine medizinischen Dienstleistungen, Behandlungen, Diagnosen, Vorschläge oder Beratungen an. Die enthaltenen Informationen wurden nicht von der U.S. Food and Drug Administration bewertet und sind nicht dazu bestimmt, Krankheiten zu diagnostizieren, zu behandeln, zu heilen oder zu verhindern. Vor Beginn oder Änderung von Diät-, Bewegungs- oder Lebensstilprogrammen sollte eine vollständige medizinische Genehmigung durch einen zugelassenen Arzt eingeholt werden, und die Ärzte sollten über alle Ernährungsumstellungen informiert werden.

Der Autor übernimmt keine Verantwortung gegenüber einer natürlichen oder juristischen Person für jegliche Haftung, Verluste oder Schäden, die direkt oder indirekt als Folge der Verwendung, Anwendung oder Interpretation der hierin enthaltenen Informationen verursacht oder angeblich verursacht wurden.

Was Ihnen auch gefallen könnte

BITTE BESUCHEN SIE DEN FOLGENDEN LINK ZU DASS SIE ANDERE BÜCHER DES AUTORS SEHEN.

http://ketojane.com/buch

www.ingramcontent.com/pod-product-compliance
Lightning Source LLC
Chambersburg PA
CBHW051255110526
44588CB00026B/2998